Parque Nacional del

Gran Cañón

Grace Hansen

abdopublishing.com

Published by Abdo Kids, a division of ABDO, P.O. Box 398166, Minneapolis, Minnesota 55439.

Printed in the United States of America, North Mankato, Minnesota.

052018

092018

Spanish Translators: Laura Guerrero, Maria Puchol

Photo Credits: AP Images, iStock, Shutterstock

Production Contributors: Teddy Borth, Jennie Forsberg, Grace Hansen

Design Contributors: Dorothy Toth, Laura Mitchell

Library of Congress Control Number: 2018931865

Publisher's Cataloging-in-Publication Data

Names: Hansen, Grace, author.

Title: Parque nacional del Gran Cañón / by Grace Hansen.

Other title: Grand Canyon National Park. Spanish

Description: Minneapolis, Minnesota : Abdo Kids, 2019. | Series: Parques nacionales | Includes online resources and index.

Identifiers: ISBN 9781532180453 (lib.bdg.) | ISBN 9781532181313 (ebook)

Subjects: LCSH: Grand Canyon National Park (Ariz.)--Juvenile literature. | Arizona--Grand Canyon National Park.--Juvenile literature. | National parks and reserves--Juvenile literature. | Natural history--Juvenile literature. | Spanish language materials--Juvenile literature.

Classification: DDC 917.91--dc23

Contenido

Parque Nacional del Gran Cañón

El Parque Nacional del Gran Cañón está en Arizona. El Gran Cañón se convirtió en parque nacional en 1919. El presidente Woodrow Wilson aprobó su creación con una ley.

El parque mide un poco más de 1.2 millones de acres (485,622 ha). El cañón mide casi una milla (1.6 km) de profundidad.

Clima

El clima puede ser muy diferente dependiendo del lugar del parque. Eso se debe a los cambios de **elevación**. La parte sur está a 7,000 pies (2,133 m) de altura. Las tardes del verano son frescas y puede nevar en el invierno.

Las temperaturas dentro del cañón son mucho más calientes. ¡Puede llegar a los 120 grados Farenheit (49°C) durante el verano!

Ecosistemas

Hay gran diversidad de **ecosistemas** en el parque. Al igual que con el clima, esto es debido al cambio de **elevación**.

El cañón está rodeado de bosques, donde crecen pinos piñoneros y enebros. Los ciervos mulo habitan este parque y suelen frecuentar los bosques.

El interior del cañón es principalmente desértico. Los cactus y **matorrales de desierto** son plantas muy comunes. Los lagartos de cuernos cortos habitan en el cañón. ¡También las víboras de cascabel y otros animales!

El río Colorado atraviesa el cañón. Diferentes tipos de sauce viven a orillas del río. Un pez que se llama *Bluehead sucker* es **originario** y común en el río.

Cóndores impresionantes

Sobrevolando el cañón se pueden ver los cóndores de California. Es una de las aves más raras del mundo. Sólo los visitantes más afortunados los verán.

Actividades divertidas

Acampar un día en el cañón

Darse un paseo en mula alrededor del cañón o hacia su interior

Hacer un viaje en balsa por el río Colorado

Caminar por el *Trail of time* para aprender sobre las diferentes capas de rocas en el cañón

Glosario

ecosistema – comunidad de seres vivos en su ambiente.

elevación – altura sobre el nivel del mar.

matorrales de desierto – tipo de planta que se encuentra en un hábitat desértico.

originario – que nace o crece en esta zona.

Índice

¡Visita nuestra página **abdokids.com** y usa este código para tener acceso a juegos, manualidades, videos y mucho más!